Ernst Probst

Die Leithaprodersdorf-Gruppe

Eine Kulturstufe der Bronzezeit von etwa 2300/2200 bis 2000 v. Chr.

Der GRIN Verlag publiziert seit 1998 wissenschaftliche Arbeiten von Studenten, Hochschullehrern und anderen Akademikern als eBook und gedrucktes Buch. Die Verlagswebsite www.grin.com ist die ideale Plattform zur Veröffentlichung von Hausarbeiten, Abschlussarbeiten, wissenschaftlichen Aufsätzen, Dissertationen und Fachbüchern.

Ernst Probst

Die Leithaprodersdorf-Gruppe

Eine Kulturstufe der Bronzezeit von etwa 2300/2200 bis 2000 v. Chr.

GRIN Verlag

Die Deutsche Bibliothek verzeichnet diese Publikation in der Deutschen Nationalbibliografie; detaillierte bibliografische Daten sind im Internet über http://dnb.d-nb.de/ abrufbar.

1. Auflage 2011
Copyright © 2011 GRIN Verlag GmbH
http://www.grin.com
Druck und Bindung: Books on Demand GmbH, Norderstedt Germany
ISBN 978-3-656-08137-1

Frau aus der Frühbronzezeit in Niederösterreich.
Ausschnitt aus einer Zeichnung
von Friederike Hilscher-Ehlert, Königswinter,
für das Buch »Deutschland in der Bronzezeit« (1996)
von Ernst Probst

Ernst Probst

Die Leithaprodersdorf-Gruppe

Eine Kulturstufe der Bronzezeit
von etwa 2300/2200 bis 2000 v. Chr.

Widmung

Dr. Elisabeth Ruttkay (1926–2009),
Professor Hermann Maurer
und Dr. Johannes-Wolfgang Neugebauer (1949–2002)
gewidmet,
die mich bei meinen Büchern
»Deutschland in der Steinzeit« (1991) und
»Deutschland in der Bronzezeit« (1996)
unterstützt haben,
sowie der wissenschaftlichen Graphikerin
Friederike Hilscher-Ehlert

Inhalt

Vorwort / Seite 11

Die Frühbronzezeit in Österreich
Abfolge und Verbreitung
der Kulturen und Gruppen / Seite 13

Keramikdepots und Scheingräber
Die Leithaprodersdorf-Gruppe 19

Anmerkungen / Seite 31

Literatur / Seite 35

Bildquellen / Seite 39

Der Autor Ernst Probst / Seite 41

Bücher von Ernst Probst / Seite 43

Der dänische Archäologe Christian Jürgensen Thomsen
(1788–1865) hat 1836 die Urgeschichte
nach dem jeweils am meisten verwendetem Rohstoff
in drei Perioden eingeteilt:
Steinzeit, Bronzezeit und Eisenzeit.

Vorwort

Eine Kulturstufe der Bronzezeit, die vor etwa 2300/2200 bis um 2000 v. Chr. östlich des Wienerwalds in Niederösterreich und im Burgenland existierte, steht im Mittelpunkt des Taschenbuches »Die Leithaprodersdorf-Gruppe«. Sie war eine der ältesten frühbronzezeitlichen Kulturstufen in Österreich. Geschildert werden die Siedlungen, Kleidung, der Schmuck, die Keramik, Werkzeuge, Waffen, Haustiere, Jagdtiere und die Religion der damaligen Ackerbauern, Viehzüchter und Metallhandwerker.

Verfasser dieses Taschenbuches ist der Wiesbadener Wissenschaftsautor Ernst Probst. Er hat sich vor allem durch seine Werke »Deutschland in der Urzeit« (1986), »Deutschland in der Steinzeit« (1991) und »Deutschland in der Bronzezeit« (1996) einen Namen gemacht.

Das Taschenbuch »Die Leithaprodersdorf-Gruppe« ist Dr. Elisabeth Ruttkay (1926–2009), Professor Hermann Maurer und Dr. Johannes-Wolfgang Neugebauer (1949–2002) gewidmet, die den Autor mit Rat und Tat bei seinen Werken über die Steinzeit und Bronzezeit unterstützt haben. Es enthält zwei Zeichnungen der wissenschaftlichen Graphikerin Friederike Hilscher-Ehlert aus Königswinter.

Die Frühbronzezeit in Österreich

Abfolge und Verbreitung der Kulturen und Gruppen

Die Frühbronzezeit (Bronzezeit A) begann in Österreich etwa um 2300 v. Chr. und endete um 1600 v. Chr. Sie wurde von verschiedenen Autoren zunächst in zwei Abschnitte (Stufen A 1 und A 2), später in drei (Stufen A 1, A 2, A 3) oder sogar in vier Abschnitte (Phasen 1, 2, 3, 4) eingeteilt. All diese Gliederungen gehen auf deutsche Experten zurück.

In die älteste Kulturstufe der Frühbronzezeit in Österreich ist die Leithaprodersdorf-Gruppe (s. S. 19) einzuordnen. Sie existierte von etwa 2300/2200 bis ungefähr 2000 v. Chr. östlich des Wienerwalds in Niederösterreich und im Burgenland.[1]

Die in weiten Gebieten Mitteleuropas nachweisbare Aunjetitzer Kultur war von etwa 2300/2200 bis 1800 v. Chr. im Weinviertel und am Ostrand des Waldviertels im nördlichen Niederösterreich verbreitet.

In Oberösterreich, im Land Salzburg und im Raum Kufstein in Nordtirol behaupteten sich von etwa 2300 bis 1800/1600 v. Chr. Ausläufer der Straubinger Kultur.

Südlich der Donau zwischen Enns und Wienerwald in Niederösterreich hatte ab ungefähr 2300/2200 bis 1800 v. Chr. die Unterwölblinger Gruppe ihr Verbreitungsgebiet.

Zeichnung auf Seite 15:

Rekonstruktion einer Frauentracht
aus der Zeit der Unterwölblinger Gruppe
(etwa 2300/2200 bis 1800 v. Chr).
Sie basiert auf Schmuckfunden
aus einem Grab des frühbronzezeitlichen Gräberfeldes
von Franzhausen I im Traisental in Niederösterreich.
Zeichnung von Friederike Hilscher-Ehlert, Königswinter,
für das Buch »Deutschland in der Bronzezeit« (1996)
von Ernst Probst

Im östlichen Niederösterreich südlich der Donau und im nördlichen Burgenland war von etwa 2000 bis 1600 v. Chr. die Wieselburger Kultur heimisch, welche die Leithaprodersdorf-Gruppe ablöste.

Zwischen dem Fluss Leitha in Niederösterreich und dem Südrand des Neusiedler Sees im Burgenland konzentrierte sich von etwa 1800 bis 1500 v. Chr. die Kultur mit Litzenkeramik bzw. Draßburger Kultur.

In der Frühbronzezeit um 1800 v. Chr. ist die Böheimkirchener Gruppe der Veterov-Kultur entstanden. Sie behauptete sich bis ungefähr 1500 v. Chr. südlich der Donau in Niederösterreich. Ihr jüngerer Abschnitt fällt bereits in die Mittelbronzezeit.

Größtenteils der Frühbronzezeit entsprach auch die von zirka 1800 bis 1500 v. Chr. nachweisbare Attersee-Gruppe. Sie war in Oberösterreich verbreitet und überdauerte teilweise bis in die Mittelbronzezeit.

ALOIS OHRENBERGER,
geboren am 16. Mai 1920
in Neuarad (Rumänien),
gestorben am 23. Januar 1994
in Eisenstadt (Burgenland).
Noch 1920 zog seine Familie nach Budapest,
später nach Eisenstadt.
1949 promovierte er in Wien.
1949 bis 1980 arbeitete er
im Burgenländischen Landesmuseum
in Eisenstadt. Ohrenberger prägte
1956 in der Publikation
über seine Ausgrabungen
in Loretto/Leithaprodersdorf
den Begriff Typus Loretto-Leithaprodersdorf,
woraus der Name
Leithaprodersdorf-Gruppe hervorging.

Keramikdepots und Scheingräber

Die Leithaprodersdorf-Gruppe

Die Leithaprodersdorf-Gruppe gilt als eine der ältesten frühbronzezeitlichen Kulturen in Österreich. Sie war von etwa 2300/2200 bis um 2000 v. Chr. östlich des Wienerwalds in Niederösterreich und im Burgenland verbreitet. Der Name dieser Gruppe erinnert an das 1950 ausgegrabene Gräberfeld von Leithaprodersdorf[1] im Burgenland. Dort hatte der Landesarchäologe Alois Ohrenberger (1920–1994) aus Eisenstadt insgesamt 50 Bestattungen der Leithaprodersdorf-Gruppe und weitere aus späterer Zeit freigelegt.

Die Bezeichnung »Leithaprodersdorf-Gruppe« geht auf Alois Ohrenberger zurück, der 1956 vom Typus Loretto-Leithaprodersdorf sprach. Der 1977 von der Wiener Prähistorikerin Elisabeth Ruttkay (1926–2009) mündlich vorgeschlagene und 1981 von ihr publizierte etwas einprägsamere Ausdruck Leitha-Gruppe konnte sich nicht durchsetzen, weswegen sich der Begriff Leithaprodersdorf-Gruppe einbürgerte.

Wie die Landschaft zur Zeit der Leithaprodersdorf-Gruppe in der Gegend des Leithagebirges und des Ruster Höhenzuges aussah, hat 1986 der Wiener Botaniker Gustav Wendelberger rekonstruiert. Seinen Erkenntnissen zufolge breitete sich dort eine aufgelockerte Mischung von Wald und Steppe aus.

ELISABETH RUTTKAY,
geboren am 18. Juni 1926 in Pécs (Ungarn),
gestorben am 25. Februar 2009 in Wien.
Sie flüchtete 1956 nach Österreich, studierte in Wien,
arbeitete ab 1962 am Burgenländischen Landesmuseum
in Eisenstadt und ab 1968
an der Prähistorischen Abteilung
des Naturhistorischen Museums, Wien.
Ihr Forschungsgebiet war die Jungsteinzeit,
aus der sie mehrere Gruppen benannt hat.
1977 schlug sie mündlich
für eine frühbronzezeitliche Kulturstufe
den Begriff Leitha-Gruppe vor und publizierte ihn 1981.
1981 prägte sie bei der Beschreibung
bronzezeitlicher Funde
aus der Seeufersiedlung Abtsdorf I am Attersee
den Namen Attersee-Gruppe.

Die Angehörigen der Leithaprodersdorf-Gruppe errichteten ihre Siedlungen im Flachland und auf Anhöhen. Flachlandsiedlungen existierten in Gallbrunn[2] und Pellendorf[3] in Niederösterreich, möglicherweise gab es solche auch in Siegendorf und Trausdorf im Burgenland, wo Keramikdepots zum Vorschein kamen. Eine Höhensiedlung war auf dem Jennyberg bei Mödling[4] (Niederösterreich) gegründet worden.

In der sagenumwobenen Königshöhle bei Baden[5] (Niederösterreich) konnte anhand von Keramikresten ein kurzer Aufenthalt nachgewiesen werden. Nach dieser Höhle wurde die jungsteinzeitliche Badener Kultur (etwa 3600 bis 3000 v. Chr.) benannt, von der später kurz die Rede sein soll.

In Pellendorf werden viele kreisrunde und leicht ovale Gruben von 25 bis 80 Zentimeter Durchmesser, die zehn bis 25 Zentimeter in den Schotter eingetieft sind, als Pfostenlöcher der ehemaligen Behausungen gedeutet. In einer Pfostengrube lag eine für die Leithaprodersdorfer Gruppe typische Trausdorf-Tasse. Außerdem befanden sich in Pellendorf zwei größere Gruben nebeneinander.

Die Höhensiedlung auf dem Jennyberg bei Mödling hatte eine besonders geschützte Lage. Denn der 375 Meter lange Berg, der seine Umgebung 117 Meter überragt, fällt auf allen Seiten steil ab. Diesen Vorteil wusste man schon zur Zeit der erwähnten Badener Kultur im vierten vorchristlichen Jahrtausend zu schätzen. Die jungsteinzeitliche Siedlung wird in der Fachliteratur als Jennyberg I bezeichnet, die Anlage der

Der Gründer und Direktor des Bezirksmuseums Mödling,
Franz Skribany (1865–1938),
nahm in den 1930-er Jahren
auf dem Jennyberg bei Mödling
umfangreiche Untersuchungen vor.
Dort hatte auch eine Siedlung
der Leithaprodersdorf-Gruppe existiert.

*Der Wirtschaftsrat Alexander Ritter von Seracsin
(1883–1952) grub 1930
den Grabhügel II von Jois im Burgenland aus.
Der Hügel enthielt Bestattungen
aus der Zeit der Leithaprodersdorf-Gruppe
(etwa 2300/2200 bis 2000 v. Chr.)
und der Wieselburg-Kultur (etwa 2000 bis 1600 v. Chr.).*

frühbronzezeitlichen Leithaprodersdorf-Gruppe als Jennyberg II.

Bei den Ausgrabungen der Prähistorischen Abteilung des Naturhistorischen Museums, Wien, unter der Leitung des Prähistorikers Wilhelm Angeli wurde 1970/ 71 am Osthang des Jennyberges ein 300 Meter langer Graben ausgehoben. Sobald sich darin die Funde häuften, hat man in der Umgebung weitere Flächen von jeweils drei mal drei Metern abgedeckt und untersucht. Auf diese Weise wurden mehrere Anreicherungen von Keramikresten und Hüttenlehm aufgespürt. Zahlreiche typische Gefäße bezeugen zwar die Existenz einer Siedlung der Leithaprodersdorf-Gruppe am Jennyberg, aber eigentliche Siedlungsobjekte blieben dort bislang unentdeckt.

Funde aus Frauengräbern von Leithaprodersdorf lieferten spärliche Hinweise auf die damalige Kleidung. Dabei handelt es sich um zwei kupferne »Diademe«, die als Besatz von Hauben angesehen werden. Solche Kopfbedeckungen wurden auch in anderen frühbronzezeitlichen Kulturen getragen.

Im Grabhügel II von Jois barg man auf Höhe der Halswirbel eines Toten einen durchbohrten Fischwirbel und den durchbohrten Eberzahn eines Wildschweins. Damit werden Fischfang und Jagd belegt.

Andere Funde aus dem Grabhügel II von Jois verraten, welche Haustiere damals gehalten wurden. Der Wiener Archäozoologe Erich Pucher identifizierte einen durchbohrten Hundezahn, den Knochen eines jungen Hausschweins und Reste eines einjährigen Hausrinds.

Außerdem entdeckte man dort Knochen eines Hauspferds.

Die Keramik der Leithaprodersdorf-Gruppe ähnelt teilweise derjenigen der so genannten Begleitkeramik der jungsteinzeitlichen Glockenbecher-Kultur (etwa 2600 bis 2000 v. Chr.), aus der sie hervorgegangen ist. Außerdem hat sie Gemeinsamkeiten mit manchen Tongefäßen der gleichzeitigen Nagyrév-Kultur[6] in Ungarn. Zu ihrem Formenschatz gehören Tassen, Schalen mit Henkel, kugelige Henkeltöpfe, konische Schüsseln und ebensolche Becher. Als typische Tongefäße gelten die Leithaprodersdorf-Tasse und die Trausdorf-Tasse.

Die Leithaprodersdorf-Tasse vom gleichnamigen Fundort hat ein kugeliges Unterteil, einen leicht abgesetzten konischen Hals mit gewulstetem Rand und einen den Hals überbrückenden Bandhenkel. Die Trausdorf-Tasse – nach dem Fundort Trausdorf an der Wulka im Burgenland benannt – ist vom Profil her ähnlich, unterscheidet sich aber durch einen engeren und höheren, deutlich abgesetzten Hals, kleinere Abmessungen und einen unterrandständigen Bandhenkel.

Für verzierte Tongefäße ist ein unterhalb des Halses eingeritztes Zierband typisch. Es besteht aus im Zickzack angebrachten Strichbündelgruppen, die beidseitig mit je zwei Linien eingerahmt sind. Von diesem Zierband hängen mitunter senkrechte Fransenmuster herab. Gelegentlich sind Tongefäße mit fein eingestochenen, weiß inkrustierten umlaufenden Punktreihen verschönert.

Tongefäß der Leithaprodersdorf-Gruppe
(etwa 2300/2200 bis 2000 v. Chr.)
vom Jennyberg bei Mödling in Niederösterreich,
wo 1970/1971
der Wiener Prähistoriker Wilhelm Angeli gegraben hatte.
Höhe 7,8 Zentimeter.
Original im Naturhistorischen Museum, Wien

An den burgenländischen Fundorten Trausdorf[7] und Siegendorf[8] wurden Keramikdepots entdeckt. Hierbei könnte es sich um Lager von Töpfern oder Händlern handeln, aber auch um Weihehorte mit Opfergaben für Götter. Der damals in Wien tätige Prähistoriker Clemens Eibner deutete 1969 die Gefäßdepots als Belege einer Kulthandlung mit Trankspenden und Umtrünken, nach denen die praktisch gebrauchsneuen Gefäße eingelagert wurden.

Das Depot von Trausdorf umfasste 18 kleine Henkeltassen (Trausdorf-Tassen) von bis zu 9,7 Zentimeter Höhe mit 9,5 Zentimeter Bauchdurchmesser und 5,3 Zentimeter Mündungsdurchmesser sowie größere konische Töpfe von maximal 18,3 Zentimetern Höhe und eine Leithaprodersdorf-Tasse. Zum Depot von Siegendorf gehören die Reste von drei mindestens 30 Zentimetern hohen Tongefäßen und fünf kleine komplett erhaltene Trausdorf-Tassen.

Die Metallhandwerker der Leithaprodersdorf-Gruppe beherrschten die Herstellung von Waffen und Schmuckstücken aus reinem Kupfer, jedoch noch nicht aus Bronze. Auf dem Jennyberg bei Mödling wurde eine ihrer Gussformen gefunden.

Eine typische Waffe war der Kupferdolch vom Typus Leithaprodersdorf. Darunter versteht man eine gedrungene Klinge mit vier Nieten auf der Heftplatte zur Befestigung des Griffes aus Holz, Knochen oder Geweih. Das Vorhandensein auch knöcherner Werkzeuge wird durch eine Ahle aus Pellendorf in Niederösterreich bewiesen.

Die Frauen haben sich mit kupfernen Blechstreifen (»Diademe«), kupfernen und knöchernen Nadeln, Halsketten mit Anhängern aus verschiedenen Materialien und kupfernen Armringen geschmückt. Derartige Funde wurden vor allem in Gräbern geborgen. Kupferne »Diademe«, die als Randbesatz von Hauben betrachtet werden, kamen in zwei Gräbern von Leithaprodersdorf zum Vorschein. Außerdem hat man dort kleine beidseitig umgebogene Kupferbleche, kupferne Rollennadeln mit zierlicher, dreieckiger Kopfplatte und gebogenem Schaft sowie Armringe mit rundem oder halbkreisförmigem Profil mit leicht übereinandergreifenden Enden entdeckt.

Teilweise wurden die zum Zusammenhalten der Kleidung oder zur Zierde der Garderobe bestimmten Nadeln aus Tierknochen geschnitzt. Auf dem Jennyberg bei Mödling fand man das Fragment einer Knochennadel mit zweifach durchbohrter Kopfplatte. Im Grabhügel II von Jois lag eine 5,5 Zentimeter lange, gelochte Nadel aus einem Vogelknochen.

Die Toten wurden in Flachgräbern (Leithaprodersdorf, Sankt Margarethen[9] bei Eisenstadt) und unter Hügeln (Jois[10]) bestattet. Tierknochen mit und ohne Feuerspuren im Hügel sowie Scherben zertrümmerter Tongefäße stammen von Totenfeiern, bei denen Feuer, Speise und Trank sowie das Zerschlagen des Geschirrs eine Rolle spielten.

Den Verstorbenen legte man eine tönerne Tasse, Schale oder Schüssel mit ins Grab, wie es früher schon bei den jungsteinzeitlichen Glockenbecher-Leuten üblich war. Frauen erhielten offenbar zwei Tassen, Männer dagegen nur eine Tasse. Die Beigaben wurden in Nähe des Kopfes, Rückens, Oberkörpers, Beckens, der Knie, Oberschenkel und Füße deponiert. In Jois hatte man zwei Toten eine Schale unter den Kopf gelegt.

Das Gräberfeld von Leithaprodersdorf bestand aus etwa 50 Bestattungen der Leithaprodersdorf-Gruppe in Flachgräbern sowie Gräbern der darauffolgenden Wieselburger Kultur (etwa 2000 bis 1600 v. Chr.) und der Spätbronzezeit. Die Männer hatte man auf die linke Körperseite mit dem Kopf im Norden und den Beinen im Süden gelegt, die Frauen auf die rechte Körperseite mit dem Kopf im Süden und den Beinen im Norden. Sowohl Männer als auch Frauen blickten nach Osten, also dorthin, wo die Sonne aufgeht.

Im Gräberfeld von Leithaprodersdorf wurden viele vermeintliche Scheingräber (Kenotaphe) entdeckt, die alle von Norden nach Süden ausgerichtet waren. Sie enthielten keinerlei Reste einer Körper- oder Brandbestattung. Die Gruben dieser mutmaßlichen Scheingräber sind durchschnittlich zwei Meter lang, 1,50 Meter breit und bis zu 1,45 Meter tief. Der Rand der Gruben war mit Steinen verkleidet, auf ihrem Boden standen meistens mehrere Tongefäße und lagen Kupferobjekte und Schmuckstücke. Scheingräber sollten vielleicht an in fernen Gegenden Verstorbene erinnern.

Interessante Erkenntnisse über die Bestattungssitten lieferte der bereits 1930 durch den Wirtschaftsrat

Alexander Ritter von Seracsin (1883–1952) freigelegte Grabhügel II von Jois. Letzterer bedeckte 15 Bestattungen mit zumeist der gleichen Orientierung der Toten wie in Leithaprodersdorf und ein Scheingrab. Ausgräber Seracsin deutete diese Funde 1931 phantasievoll als Beisetzung eines Stammesfürsten, dessen Frau, Kind und Gefolge erschlagen und mit ihm begraben worden waren. Diese Vermutung stieß mehrfach auf Zweifel, konnte aber nie widerlegt werden.

In Jois werden die Grabhügel I und II sowie ein Flachgrab der Leithaprodersdorf-Gruppe zugerechnet. Die Bestattungen im Joiser Grabhügel II erfolgten in der Übergangzeit zwischen der Leithaprodersdorf-Gruppe und der Wieselburg-Gruppe. Im Grabhügel II spiegelt sich das friedliche Nebeneinander in der Ablösungsphase wider: Dort gab es neben zahlreichen Bestattungen der Leithaprodersdorf-Gruppe auch zwei der Wieselburger Kultur, nämlich die von einer Frau und einem Kind.

Anmerkungen

1] Die Zusammenstellung dieser Übersicht über die Verbreitung und Zeitdauer von Kulturen der Frühbronzezeit entstand 1996 mit Hilfe der Prähistorikerin Elisabeth Ruttkay vom Naturhistorischen Museum, Wien, und des Prähistorikers Johannes-Wolfgang Neugebauer vom Bundesdenkmalamt Wien.

Die Leithaprodersdorf-Gruppe
1] Das Gräberfeld von Leithaprodersdorf wurde von 1950 bis 1951 durch den Prähistoriker Alois Ohrenberger (1920–1994) aus Eisenstadt ausgegraben. Er war von 1949 bis 1980 Direktor des Burgenländischen Landesmuseums, Eisenstadt.
2] Die Flachlandsiedlung von Gallbrunn wurde Anfang der 1920-er Jahre bei Entwässerungsarbeiten in sumpfigen Wiesen und Feldern entdeckt.
3] Reste der Flachlandsiedlung von Pellendorf wurden 1974 in einer Schottergrube westlich der Straße nach Zwölfaxing entdeckt.
4] Die Keramikfunde der Leithaprodersdorf-Gruppe auf dem Jennyberg bei Mödling stammen vom Fundort Jennyberg II. Von Jennyberg I liegen Keramikreste der Boleráz-Gruppe der Badener Kultur vor. Der Begriff Badener Kultur wurde Anfang der 1920-er Jahre von dem Wiener Prähistoriker Oswald Menghin (1888–1973) prägt und erinnert an die Königshöhle im Wolfstal

31

bei Baden in Niederösterreich. Die Badener Kultur existierte etwa von 3600 bis 2900 v. Chr. Als ihre älteste Phase gilt die nach einem slowakischen Fundort bezeichnete Boleráz-Gruppe. Letzteren Namen hat als erster der slowakische Prähistoriker Vojtech Budinský-Kricka (1903–1993) benutzt, jedoch erst ab 1964 wurde er von der Prähistorikerin Viera Nemejcova-Pavúková aus Nitra im heutigen Sinne definiert. Der Jennyberg gilt seit der Jahrhundertwende als urgeschichtliche Fundstelle. Ab 1924 grub der Drogist und Heimatforscher Oskar Spiegel (1903–1985) aus Gieshübel immer wieder auf dem Jennyberg. Von 1934 bis Ende der 1930-er Jahre führte der Heimatforscher Franz Skribany (1865–1938) aus Mödling umfangreiche Untersuchungen auf dem Jennyberg durch. Er war Gründer und vier Jahrzehnte lang auch Direktor des Bezirksmuseums Mödling. 1941 nahm der Wiener Prähistoriker Otto Seewald (1898–1968) eine Notbergung vor. In den 1950-er Jahren wurden im Auftrag des Bundesdenkmalamtes Wien kleinere Rettungsgrabungen vorgenommen. 1970 und 1971 grub der Prähistoriker Wilhelm Angeli vom Naturhistorischen Museum, Wien, jeweils in einem Sommermonat auf dem Jennyberg.

5] Der Name der Königshöhle von Baden beruht angeblich darauf, dass sich darin zeitweilig ein ungarischer König versteckt haben soll. Es handelte sich vielleicht um König Bela IV., der 1241 von Tataren aus seinem Reich vertrieben wurde. In der Königshöhle fanden 1875 bis 1885 die ersten Ausgrabungen statt. 1892 gruben darin der Kassierer und Sekretär der

Gebietskrankenkasse Baden, Gustav Calliano (1853–1930), dessen Bruder, der Mitarbeiter in einer Rechtsanwaltskanzlei und Schriftsteller Carl Calliano 1857–1934) aus Baden, und der Schriftleiter der »Mödlinger Zeitung«, Franz Skribany (1865–1938, s. Anm. 4), aus Mödling.

6] Der Begriff Nagyrév-Kultur wurde 1937 von dem ungarischen Prähistoriker Ferenc von Tompa (1893–1945) aus Budapest geprägt, der zwischen 1926 und 1928 in Nagyrév, Komitat Szolnok, in Ungarn gegraben hatte. Tompa war von 1923 bis 1938 Kustos der Prähistorischen Sammlung im Nationalmuseum und von 1938 bis 1945 Professor an der Universität Budapest.

7] Das Keramikdepot von Trausdorf wurde im Herbst bei Planierungsarbeiten für den Flugplatz entdeckt.

8] Das Keramikdepot von Siegendorf (Ried Maierhofbreiten) wurde 1951 gefunden.

9] Die Flachgräber von Sankt Margarethen wurden in den 1960-er Jahren freigelegt.

10] In Jois führte Alexander Ritter von Seracsin (1883–1952) vom 1. bis 8. Oktober 1930 im Auftrag des österreichischen Archäologischen Institutes und des Burgenländischen Landesmuseums, Eisenstadt, eine Grabung durch, bei welcher der Grabhügel II freigelegt wurde. Vom 13. bis 25. September 1931 deckte er die Grabhügel IV, V und VI auf. 1952 wurde beim Aushub eines militärischen Laufgrabens ein anderer Grabhügel angeschnitten. 1957 kam beim Bau einer militärischen Anlage ein weiteres Grab zum Vorschein. Der Friedhof von Jois mit Hügel- und Flachgräbern liegt im Bereich der Riede »Sartal« und »Joisauer«. Alexander Ritter von Seracsin bezeichnete den Fundort nach einem Steinbruch auch als »Teufelsjoch«. Er hat als Adjunkt in den kaiserlichen Güterdomäne von Rutzendorf, Orth an der Donau, Mannersdorf am Leithagebirge und Wien gearbeitet.

Literatur

Die Frühbronzezeit in Österreich
FONTANA, Josef / HAIER, Peter W. / LEITNER, Walter / Mühlberger, Georg / PALME, Rudolf / PARTELI, Othmar / RIEDMANN, Josef: Geschichte des Landes Tirol, Band 1, Bozen 1985
FRANZ, Leonhard / NEUMANN, Alfred R. (Herausgeber: Lexikon ur- und frühgeschichtlicher Fundstätten Österreichs, Wien 1965
LIPPERT, Andreas (Herausgeber): Reclams Archäologieführer Österreich und Südtirol, Stuttgart 1985.
MAURER, Hermann: Abriß der Ur- und Frühgeschichte des Waldviertels. Mannus, Band 51, S. 276–325, Bonn 1986
NEUGEBAUER, Johannes-Wolfgang: Die Bronzezeit im Osten Österreichs. Forschungsberichte zur Ur- und Frühgeschichte, Band 13, Sankt Pölten/Wien 1987
NEUGEBAUER, Johannes-Wolfgang: Österreichs Urzeit. Bärenjäger, Bauern, Bergleute, Wien/München 1990
NEUGEBAUER, Johannes-Wolfgang: Die frühe und mittlere Bronzezeit. Aus: Archäologie in Niederösterreich. St. Pölten und das Traisental, S. 51–78, Sankt Pölten 1993
NEUGEBAUER, Johannes-Wolfgang: Die Bronzezeit in Ostösterreich. Wissenschaftliche Schriftenreihe NÖ, Sankt Pölten/Wien 1994

NEUGEBAUER, Johannes-Wolfgang / NEUGE-
BAUER-MARESCH, Christine: Überblick über die
frühe und mittlere Bronzezeit in Ostösterreich. Aus:
Beiträge zur Geschichte und Kultur der mittel-
äeuropäischen Bronzezeit, Teil II, S. 309–349, Berlin/
Nitra 1990
PITTIONI, Richard: Urgeschichte des österreichischen
Raumes, Wien 1954
PITTIONI, Richard: Die Bronzezeit. Aus: Vom
Faustkeil zum Eisenschwert. Eine kleine Einführung in
die Urgeschichte Niederösterreichs, Horn 1964
PITTIONI, Richard: Geschichte Österreichs, Band 1/
2 – Urzeit von etwa 80 000 bis 15 v. Chr. Anmerkungen
und Exkurse, Wien 1980
PRIMAS, Margarita: Untersuchungen zu den Be-
stattungssitten der ausgehenden Kupfer- und Früh-
bronzezeit. 58. Bericht der Römisch-Germanischen
Kommission, S. 1– 160, Frankfurt/Main 1978
PROBST, Ernst: Deutschland in der Bronzezeit. Bauern,
Bronzegießer und Burgherren zwischen Nordsee und
Alpen, München 1996
SCHUBERT, Eckehart: Zur Frühbronzezeit an der
mittleren Donau. Germania, Jahrgang 45, S. 264–286,
Frankfurt/ Main 1967
SCHUBERT, Eckehart: Studien zur frühen Bronzezeit
an der mittleren Donau. 54. Bericht der Römisch-
Germanischen Kommission 1973, S. 1–105, Berlin
1974
URBAN, Otto H.: Wegweiser in die Urgeschichte
Österreichs, Wien 1989

Die Leithaprodersdorf-Gruppe

BERG, Friedrich: Grabfunde der frühen Bronzezeit und der älteren Urnenfelderzeit aus Leobersdorf, N.-Ö. Archaeologia Austriaca, Heft 22, S. 14–31, Wien 1957

HICKE, Wilfried: Der Keramik-Depotfund der frühen Bronzezeit aus Siegendorf. – Ein Beitrag zur Leithaprodersdorf-Gruppe (Leitha-Gruppe). Wissenschaftliche Arbeiten aus dem Burgenland, Band 69, S. 24–37, Eisenstadt 1984

HICKE, Wilfried: Hügel- und Flachgräber der Frühbronzezeit aus Jois und Oggau. Wissenschaftliche Arbeiten aus dem Burgenland, Band 75, S. 5–229, Eisenstadt 1987

KAUS, Karl: Die Geschichte der archäologischen Forschung. Siedlungsgeschichte. Aus: Allgemeine Landestopographie des Burgenlandes III (Der Verwaltungsbezirk Mattersburg) 1. Teilband: Allgemeiner Teil, S. 37–56, Eisenstadt 1981

KAUS, Karl: Archäologie. Aus: Burgenländisches Landesmuseum. Katalog der Schausammlung, S. 5–30, Eisenstadt o. J.

NEBEHAY, Stefan: Pellendorf. Fundberichte aus Österreich, Band 13, 52–53, Wien 1974

NEUGEBAUER, Johannes-Wolfgang: Leithaprodersdorf-Gruppe. Aus: Die Bronzezeit im Osten Österreichs. Forschungsberichte zur Ur- und Frühgeschichte, Band 13, S. 19– 20, Sankt Pölten/Wien 1987

NEUGEBAUER, Johannes-Wolfgang: Begehrter als Gold (Bronzezeit). Aus: Österreichs Urzeit, S. 145–217, Wien 1990

OHRENBERGER, Alois: Loretto/Leithaprodersdorf, Nachrichtenblatt für die österreichische Urgeschichtsforschung, Band 1, S. 7, Wien 1952

PITTIONI, Richard: Ein keramischer Hortfund der frühen Bronzezeit aus Trausdorf (Niederdonau). Germania, Jahrgang 24, Heft 1, S. 12–15, Frankfurt/Main 1940

RUTTKAY, Elisabeth: Jennyberg II, Beitrag zur Erforschung der Leitha-Gruppe. Aus: Die Frühbronzezeit im Karpatenbecken und in den Nachbargebieten. Internationales Symposium Budapest/Velem 1977, Mitteilungen des Archäologischen Instituts. Beiheft 2, S. 171– 187, Budapest/Velem 1981

SCHMID, Hanns: Alois-J. Ohrenberger zum 65. Geburtstag. Wissenschaftliche Arbeiten aus dem Burgenland, Band 71, S. 5–8, Eisenstadt 1985

SCHUBERT, Eckehart: Typus Loretto-Leithaprodersdorf. Aus: Studien zur frühen Bronzezeit an der mittleren Donau. 54. Bericht der Römisch-Germanischen Kommission 1973, S. 34–35, Berlin 1974

SERACSIN, Alexander von: Vor- und frühgeschichtliche Hügelgräber bei Jois. Nachrichtenblatt für Deutsche Vorzeit, Jahrgang 7, Heft 1, S. 22–23, Leipzig 1931

WENDELBERGER, Gustav: Steppenheide und prähistorische Besiedlung am Westufer des Neusiedlersees. Aus: HICKE, Wilfried: Hügel- und Flachgräber der Frühbronzezeit aus Jois und Oggau. Wissenschaftliche Arbeiten aus dem Burgenland, Band 75, S. 285–294, Eisenstadt 1987

Bildquellen

Klaus Benz, Fotograf, Mainz-Laubenheim: 41
Reproduktionen von Fotos aus dem Buch »Deutsch-
land in der Bronzezeit« (1996) von Ernst Probst:
22 (Bezirksmuseum Mödling), 26 (Naturhistorisches
Museum Wien, Prähistorische Abteilung), 23 (Dr.
Johannes-Wolfgang Neugebauer, Klosterneuburg),
18 (Reproduktion aus: Urgeschichte – Römerzeit –
Mittelalter. Materialien zur Archäologie und
Landeskunde des Burgenlandes II mit kultur- und
naturwissenschaftlichen Beiträgen. Festschrift Alois J.
Ohrenberger, Eisenstadt 1985, Reproduktion: Dr.
Johannes-Wolfgang Neugebauer, Klosterneuburg),
20 (Dr. Elisabeth Ruttkay, Naturhistorisches Museum
Wien)
Reproduktion einer Zeichnung aus dem Buch
„Deutschland in der Bronzezeit" (1996) von Ernst
Probst: 9 (Reproduktion aus Jorn Street-Jensen:
Christian Jürgensen Thomsen und Ludwig
Lindenschmit: Eine Gelehrtenkorrespondenz aus der
Frühzeit der Altertumskunde (1853–1964), Mainz
1985)
Zeichnungen von Friederike Hilscher-Ehlert für das
Buch »Deutschland in der Bronzezeit« (1996) von
Ernst Probst: 1, 15

Der Autor Ernst Probst

Ernst Probst, geboren am 20. Januar 1946 in Neunburg vorm Wald im bayerischen Regierungsbezirk Oberpfalz, ist Journalist und Wissenschaftsautor. Er arbeitete von 1968 bis 1971 als Redakteur bei den »Nürnberger Nachrichten«, von 1971 bis 1973 in der Zentralredaktion des »Ring Nordbayerischer Tageszeitungen« in Bayreuth und von 1973 bis 2001 bei der »Allgemeinen Zeitung«, Mainz. In seiner Freizeit schrieb er Artikel für die »Frankfurter Allgemeine Zeitung«, »Süddeutsche Zeitung«, »Die Welt«, »Frankfurter Rundschau«, »Neue Zürcher Zeitung«, »Tages-Anzeiger«, Zürich, »Salzburger Nachrichten«, »Die Zeit«, »Rheinischer Merkur«, »Deutsches Allgemeines Sonntagsblatt«, »bild der wissenschaft«, »kosmos«, »Deutsche Presse-

Agentur« (dpa), »Associated Press« (AP) und den »Deutschen Forschungsdienst« (df). Aus seiner Feder stammen die Bücher »Deutschland in der Urzeit« (1986), »Deutschland in der Steinzeit« (1991), »Rekorde der Urzeit« (1992), »Dinosaurier in Deutschland« (1993 zusammen mit Raymund Windolf) und »Deutschland in der Bronzezeit« (1996). Von 2001 bis 2006 betätigte sich Ernst Probst als Buchverleger sowie zeitweise als internationaler Fossilienhändler und Antiquitäten-händler. Insgesamt veröffentlichte er mehr als 100 Bücher, Taschenbücher, Broschüren und E-Books.

Bücher von Ernst Probst

Affenmenschen
Von Bigfoot bis zum Yeti

Annie Oakley
Die Meisterschützin des Wilden Westens

Archaeopteryx. Der Urvogel aus Bayern

Christl-Marie Schultes. Die erste Fliegerin in Bayern
(zusammen mit Theo Lederer)

Cortés und Malinche. Der spanische Eroberer
und seine indianische Geliebte

Das Dinotherium-Museum Eppelsheim
Führer durch die Ausstellung
(zusammen mit Dr. Jens Lorenz Franzen
und Heiner Roos)

Der Europäische Jaguar

Der Mosbacher Löwe
Die riesige Raubkatze aus Wiesbaden

Der Rhein-Elefant
Das Schreckenstier von Eppelsheim

Der Schwarze Peter
Ein Räuber im Hunsrück und Odenwald

Der Ur-Rhein
Rheinhessen vor zehn Millionen Jahren

Deutschland im Eiszeitalter

Deutschland in der Frühbronzezeit

Deutschland in der Mittelbronzezeit

Deutschland in der Spätbronzezeit

Die Bronzezeit

Die Aunjetitzer Kultur in Deutschland

Die Straubinger Kultur in Deutschland

Die Adlerberg-Kultur

Der Sögel-Wohlde-Kreis

Die nordische Bronzezeit in Deutschland

Die Hügelgräber-Kultur in Deutschland

Die Bronzezeit in der Lüneburger Heide

Die Stader Gruppe

Die Urnenfelder-Kultur in Deutschland

Die Lausitzer Kultur in Deutschland

Die Dolchzahnkatze *Megantereon*

Die Dolchzahnkatze *Smilodon*

Die Säbelzahnkatze *Machairodus*

Die Säbelzahnkatze *Homotherium*

Dinosaurier in Deutschland. Vom *Efraasia*
bis zu *Sellosaurus*

Dinosaurier von A bis K. Von *Abelisaurus*
bis zu *Kritosaurus*

Dinosaurier von L bis Z. Von *Labocania*
bis zu *Zupaysaurus*

Eiszeitliche Geparde in Deutschland

Eiszeitliche Leoparden in Deutschland

Frauen im Weltall

Höhlenlöwen. Raubkatzen im Eiszeitalter

Johann Jakob Kaup
Der große Naturforscher aus Darmstadt

Julchen Blasius. Die Räuberbraut des Schinderhannes

Königinnen der Lüfte in Deutschland

Königinnen der Lüfte in Europa

Königinnen der Lüfte in Amerika

Königinnen der Lüfte von A bis Z

Königinnen des Tanzes

Malende Superfrauen

Meine Worte sind wie die Sterne
Die Entstehung der Rede des Häuptlings Seattle
(zusammen mit Sonja Probst)

Monstern auf der Spur
Wie die Sagen über Drachen, Riesen
und Einhörner entstanden

Österreich in der Frühbronzezeit

Die Leithaprdersdorf-Gruppe

Die Aunjetitzer Kultur in Österreich

Die Straubinger Kultur in Österreich

Die Unterwölblinger Gruppe

46

Die Wieselburger Kultgur

Die Litzekeramik oder Draßburger Kultur

Die Vetervov-Kultur
und die Böheimkirchener Gruppe

Die Attersee-Gruppe

Österreich in der Mittelbronzezeit

Österreich in der Spätbronzezeit

Pompadour und Dubarry. Die Mätressen
von Louis XV.

Raub-Dinosaurier von A bis Z.
Mit Zeichnungen von Dmitry Bogdanav
und Nobu Tamura

Rekorde der Urmenschen
Erfindungen, Kunst und Religion

Rekorde der Urzeit
Landschaften, Pflanzen und Tiere

Säbelzahnkatzen. Von *Machairodus*
bis zu *Smilodon*

Säbelzahntiger am Ur-Rhein. *Machairodus*
und *Paramachairodus*

Seeungeheuer
Von Nessie bis zum Zuiyo-maru-Monster

Superfrauen 1 – Geschichte

Superfrauen 2 – Religion

Superfrauen 3 – Politik

Superfrauen 4 – Wirtschaft und Verkehr

Superfrauen 5 – Wissenschaft

Superfrauen 6 – Medizin

Superfrauen 7 – Film und Theater

Superfrauen 8 – Literatur

Superfrauen 9 – Malerei und Fotografie

Superfrauen 10 – Musik und Tanz

Superfrauen 11 – Feminismus und Familie

Superfrauen 12 – Sport

Superfrauen 13 – Mode und Kosmetik

Superfrauen 14 – Medien und Astrologie

Superfrauen aus dem Wilden Westen

Tony und Bruno Werntgen. Zwei Leben
für die Luftfahrt (zusammen mit Paul Wirtz)

Zenobia von Palmyra. Eine Frau kämpft
gegen die Römer

Bestellungen bei: http://www.grin.com